八大人覺經

無上甚深微妙法
百千萬劫難遭遇
我今見聞得受持
願解如來真實義

佛說八大人覺經

後漢沙門安世高譯

西戎居士趙心鑑沐手書

為佛弟子常於晝夜至心誦念八大人覺第一覺悟世間無常國土危脆四大苦空五陰無我生滅變異虛偽無主心是惡源形為罪藪如是觀察漸離生死第二覺知多欲為苦生死疲勞從貪欲起少欲無為身心自在第三覺知心無厭足唯得多求增長罪惡菩薩不爾常念知足安貧守道唯慧是業第四覺知懈怠墜落常行精進破煩惱惡摧伏四魔出陰界獄第五覺悟愚癡生死菩薩常念廣學多聞增長智慧成就辯才教化一切悉以大樂

第六覺知貧苦多怨橫結惡緣菩薩布施
等念怨親不念舊惡不憎惡人
第七覺悟五欲過患雖為俗人不染世樂
常念三衣瓦鉢法器志願出家守道清白
梵行高遠慈悲一切
第八覺知生死熾然苦惱無量發大乘心
普濟一切願代眾生受無量苦令諸眾生
畢竟大樂如此八事、乃是諸佛菩薩大人之所覺悟
精進行道慈悲修慧乘法身船至涅槃岸
復還生死度脫眾生以前八事開導一切
令諸眾生覺生死苦捨離五欲修心聖道
若佛弟子誦此八事於念念中滅無量罪
進趣菩提速登正覺永斷生死常住快樂

己未仲夏 趙文恭書

目錄

14 虛僞無主
16 心是惡源，形爲罪藪
17 如是觀察，漸離生死

19 第二覺知

20 多欲爲苦
21 生死疲勞，從貪欲起
25 少欲無爲，身心自在

31 第三覺知

32 心無厭足，惟得多求，增長罪惡
35 菩薩不爾，常念知足
37 安貧守道，惟慧是業

39 第四覺知

40 懈怠墜落

前言

我曾在報紙上看過一句話，「閒人無樂趣，忙人無是非。」大意是說：一個吃飽飯沒事做的人，一定不快樂，日子過得毫無意義。

不過，現在這個社會，又有誰會是閒人呢？每個人每天總是匆匆忙忙，一副忙碌狀，而他們忙得快樂嗎？我看不盡然吧！他們每天放著正事不做，卻忙著應酬、打麻將、觀光旅遊。我想，這種忙一定會使他們在飽樂之後，感到疲倦與空虛。

人生寶貴的光陰，如果都被這些「無事忙」浪費掉了，而眞正快樂的工作，却沒做到，這是多麼可惜啊！

甚麼是人生快樂的工作呢？

凡是有利於社會羣衆的工作，都是快樂的。

但有人却不這麼想，每天只爲自己的私慾、自己的需求而忙碌，把自己關閉在私我的牢獄中，無法接觸到宇宙中眞正善良可貴的人性，以致心胸不能開闊，寧願空拋時光在是非中；這種人毫無人生價値感，那有樂趣可言，這樣多痛苦啊！

人生苦短，眞正需要做的事，實在太多，如能分秒必爭、心無旁騖，去爲福利人羣而努力，過着殷實而富有意義的人生，那有空閒時間去惹是生非呢？這才是「快樂忙」的人生。

不爲正事多忙一點，却會惹是生非，這是爲甚麼呢？那是由於喜歡計較，計較某些人做得較少，某些人做得不好？像這種凡夫俗子，不知人生的價値，不善於利用人生寶貴的精力，常沉迷於人我、利欲、是非之中，這實在是可憐又可悲！

佛陀以多種方法教育弟子，使弟子們能從迷惘是非的凡夫地，邁向清明康莊的聖域——覺悟之道。它能讓我們認清天地宇宙的眞理，更能反觀自性，發掘良知，尋思分別世態事相——甚麼事是該我盡力所爲，甚麼事是我該盡力防止，而不可爲。

甚麼是覺悟之道呢？佛陀在「八大人覺經」中開示八種覺悟之道，教育我們如何離慾、離苦、遠離災難。

第一覺悟——

世間無常，國土危脆；

四大苦空，五蘊無我；

生滅變異，虛僞無主；

心是惡源，形爲罪藪；

如是觀察，漸離生死。

世間無常

「世間」甚麼是「無常」呢？凡是有物質、有形態的東西都是無常。有許多考古學家，他們研究世間物質景觀的結果，發現一切大自然現象曾是倒山為海、移海為山，在幾千年前，海底說不定是現在您我所居住的深山，或是陸地。地質天天在變，時時都在移動，山海也無時不在變動中。

佛教中有很多文物，如敦煌的石窟，佛像林立，可以說是佛門的勝地，但歷經了幾世紀，許多精美的雕刻已埋入風沙中。所以科學愈是發達，愈可體會出佛陀所說的世間無常、生滅變異的眞理。世間的物質固然無一不在成、住、壞、空變異之中，而衆生的心性，也難免淪於無常、虛僞、生住異滅的妄想裏。

就以人來說，過去的恩愛，甜言蜜語，一旦情盡，反目成仇，因愛生嫉，終變成恨，這也是無常啊！

有一對年輕夫妻，以前很恩愛，但因故吵架，太太竟翻臉無情，利用晚上先生睡覺時，向先生潑硫酸，使先生面目全非，一隻眼睛因此被挖掉，而她也被警方逮捕。

這個例子，只是人間愛情形態的一部分，世間有多少恩愛甜蜜的愛情故事，到頭來却變成了悲慘的結局，這種情形，也是無常啊！

愛情、事業、財富，的確是無常的。商業鉅子王永慶曾說過一句話：「富不過三代。」這句話正代表了財富的無常。

所以說，科學愈發達，愈可印證佛陀所說的世間無常、生滅變異的眞理。

國土危脆

就像前面舉的例子，莊嚴雄壯的敦煌石窟建築，幾千年後會被風沙所掩埋，青山有朝也會變成滄海；尤其科學發達的現代，多少美好的自然景色，卻毀在戰爭中，這些在在都顯露了「國土危脆」的眞理。

儘管我們看到了，也聽到了這些事相，但如不深入佛教的教理，那也是會迷迷糊糊的含混過去，没有人會仔細的去體會。唯佛陀能縝密尋思，透徹它的謎底，開導我們發掘智慧，去尋求世間無常、國土危脆的奧祕！

四大苦空

人類多數的罪，是由我們自身發生。人爲了享受自身私慾，爲了保護自己，而做了很多傷害他人的事，如果他能看透色身，就可以盡此報身，爲衆生求安樂，也爲自己尋求覺道；引用現代的一句話，也就是「犧牲享受，享受犧牲」。

在人羣中，有些人眞的是「閒人無樂趣」的無聊人生，這些人就是太看重自己，捨不得把身心獻給社會。因爲過分保護自己，這些人一點也不快樂，可以說是「富中之貧」。這一類人生，他雖在物質上無缺，但在精神與情感上，却貧乏得可憐，他捨不得付出感情與愛心。相對的，別人付給他的，一定也是表面應酬，而非出於眞心的對待；得不到愛人與被愛的幸福，這種人生，實在毫無樂趣可言。

人體是四大假合。四大就是「地、水、火、風」，人生辛苦忙碌到最後，大限到時的那天，四大散壞，風歸風、火歸火、土（地）歸土，又有甚麼好計較的呢？世間的苦，是苦在那裏呢？是苦在我們太看重自己的生命、身體。

佛陀告訴我們四大苦空，所以我們應利用現在的身體，利用四大組合的人生，看開自己，追求愛的眞諦——良知。盡一己之力，投注於謀求人羣幸福之道，如此才能達到人生快樂的境界。

五蘊無我

人們往往就是太執着於物相，而生出分別心——是你、是我，這是我喜歡的、我討厭的，劃分得清清楚楚；以致對於我愛的就拚命去爭、去求、去嫉妒，使自己成爲心胸狹窄的人。也正因爲如此，而造成了很多的苦樂業報。

我們應該靜思體認愛的價值觀——如你眞正的愛一個人，你也必須去愛他所愛的人，這樣才能使你、我、他，都生活在愛的和睦中。這就是大愛，它沒有嫉妒與仇恨。

佛陀教我們要懷抱大愛，不要把愛局限於某個人或某些範圍，那是短暫而虛僞的。古來聖賢，如釋迦牟尼佛、孔子、耶穌基督，他們的愛都是徹底的、廣泛的，並且把愛恒久的延續下來，付給衆生無限的愛心。

同樣的一份愛、一份情，爲何我們要被愛與情，束縛得無比痛苦與悲哀呢？爲何不把這份愛，化爲清淨、快樂而堅固的愛呢？這就是衆生執迷的所在。

總説一句，佛陀教我們要看透人生的物象，要深徹去了解人眞正寶貴的感情，不要被外界物慾蒙蔽障礙；這就是「五蘊無我」的道理。

生滅變異

佛陀所說的人生四相生滅變異，也是無常之一。人的心念有「生、住、異、滅」的流動形態；人身有「生、老、病、死」四種災苦；世間有「成、住、壞、空」四種變遷過程。

這些都是佛陀所說四相「生滅變異」的無常。

虛僞無主

世間有那些東西是眞、是實呢？到頭來一切終究如夢境一場……。只是我們却執着在夢妄、掙扎景況中受盡折磨，而不能自覺！

一般人往往活在彼此是非的人際關係中，世間上唯有兩種人得到眞快樂、也無是非紛擾，那就是「大智」與「大聖」；他們沒有苦的感受，即使辛勞磨難也心甘情願，這就是超凡入聖；他們不受世間的利害得失影響，他們的任務是爲人羣而生活。這就是我常說的，釋迦佛是爲衆生而修行，爲衆生而成佛的道理。

所以說，只有賢人與聖人才能擺脫「虛僞」是非「無主」的假相。

我們既已發心學佛，就應緊追聖賢脚步，修學解脫之道，不受世間事物的影響，開闊心胸，心無一物，放下慾念私心。

這並不是不管世間事物，而是能夠把世事拿得起放得下，像是虛空，任鳥飛遊，而不留一絲痕跡。

心是惡源，形爲罪藪

人與人爲何會有是非呢？是因爲心念太狹窄，無法容納一個人或一句話，一天到晚都在話中挑毛病，時時刻刻猜忌別人會在他背後説長道短，心中一點也無法泰然。所以説一個人的心胸、度量一定要寬大，才能容納別人的一言一行。

人生本來就是變異無常，苦多樂少。有誰敢説，他這輩子都很如意、很滿足、很快樂呢？物質缺乏有物質缺乏的煩惱，物質太豐富又有太豐富的煩惱，缺少了感情也有煩惱，如果不能認清這些，透徹道理，只一味追求、計較，認不清、弄不好，則心是惡源、形爲罪藪，這一輩子一定「閒」無樂趣，「忙」也是非。

如是觀察，漸離生死

透徹佛教教理，就能眞假分明，快樂自在。人生之所以有苦，是因爲眞假顛倒，把假的看成眞的，去爭執、去計較；把眞的却看成虛妄的，不去用心理會，這就是顛倒人生。

學佛是希望能覺悟，能覺悟的話，就能眞假分明，視生死如平常；即使「忙」也忙得快樂，「閒」也閒得很逍遙自在。

第二覺知——

多欲爲苦。
生死疲勞，
從貪欲起；
少欲無爲，
身心自在。

多欲爲苦

我們都知道，人因多慾而苦——

有財慾的苦，錢愈多，越想要賺錢；事業越做越大，煩惱也就愈積愈深。

有利慾的苦，每人都想佔優先，想去追求利益，造成心不自在，而產生痛苦。

又有名慾的苦，爲了求名不辭辛勞……。總之，財多也苦，子孫多也苦，有名也苦……眞是無所不苦。所以佛陀說：「多慾爲苦。」

生死疲勞，從貪欲起

因爲心多貪慾，也因此造成了人生種種的業，這些業就像一條繩子一樣，把我們牢牢的綁住，困在六道中，很難解脫。

人的善與惡是平行的。在造福的過程中，也會無意中造業，所以常是苦樂參半。設若善業強盛，就可上升天道；由於在天道中完全是在享受福報，沒有機會可再修行，也沒有機會造福——因天道中都是享福的人，沒有人需要你去幫忙，因此，你就沒機會發心造福業，一旦福報享完，即下墮罪業的地方——三惡道。所以說：我們如要求福，就不要求到天道去，因爲天福是承在人間所造的業報生天堂，那是人人享受的地方。其實所謂的享受，是消耗福報，是消極生活，因爲沒有再造福的機會。

就如世間的有錢人家，因爲環境富裕，整天沈醉於享受逸樂中，既沒有機會也不懂得關心苦難中待援的衆生。何況投生天道，就更沒有因緣造福了，即使發心要行善也無機會。所以我一直在提倡，一定要保持做人的機會；我們必須要發願——世世常行菩薩道。

通常，我們在回向時，會有如下的發願——

「願消三障諸煩惱」。「煩惱」，大都指貪、瞋、癡而言。因貪瞋癡能生障礙，人們有了貪就易發瞋，由於瞋心而起癡念。

人們何以不能締造一個幸福快樂的人生呢？大都因爲捨不得付出（貪）。不但不能捨，反而要爭（瞋）。爲什麼要爭？只因爲我們不明眞理（癡）。

這貪瞋癡三種惡念正是我們內心的詬病，一定要消除。所以學佛的人，第一件要求的就是：願消三障諸煩惱，使身、口、意三業講究善行，防止惡念。

「願得智慧眞明了」。佛教徒要追求的，不只是福報，更要勤修智慧，才能有眞正的福業；要成佛必須福慧平行雙修。我們要修的福，應該是到任何地方都會受人敬愛的福緣——有被人支持、成就事業的好人緣，就是福緣，也就是我常說的「未成佛前，先結好人緣。」

我們如常做利益衆生的事，就可以廣結衆生的福緣，而這些行爲，須要智慧的指引。因此，我們更要求自己「智慧眞明了」，使心地清淨、智慧開啓，所看到的事，就能徹底明了……。

「普願罪障悉消除」。人生在世，沒有一個人不在有意無意間造下罪業，在未認識佛法以前，「開口動舌，舉足動步，無不是業。」這是地藏經中所說的。有時業未顯形而埋在心底，有時無意中說話傷到別人的心，有時身不由己的走錯路，這些都是業的種子——因。所以說人生在世，沒有一個人不造業，而有業必有報。我們所要求的是希望消除業障，讓我們在這輩子能仗持佛法，清淨業障……。最後也是最重要的是「世世常行菩薩道」。要發願生生世世來人間行菩薩道，意思就是要常得人身，在人間做救濟人群的事業。

學佛要知道「生死疲勞，從貪欲起」。衆生在六道——即天道、人道、阿修羅道、畜生道、地獄道和餓鬼道中，生生死死，死死生生，輪迴不已，實在非常疲勞。這些疲勞的事都從貪慾而起，所以我們必須少慾知足；能滿足的人，才有快樂。

少欲無爲，身心自在

修行學佛的目的，除了爲社會人群謀福利之外，更要追求佛陀的教理，知道生從何處來，死往何處去，要以什麼形態去選擇人生，如何進取佛法……直到生死自由，來去自在，如此就可達到想要以什麼形態來人間，就可隨自意身形來人間的自在。

觀世音菩薩可以三十二應化身，以種種形態出現人間，應人間的需要現身形，救脫人間的衆生，就是因爲生死自在的關係。

要生死自在，首先必須少慾無爲。我們既來人間，應該抱持「來人間是爲衆生而來」的態度。爲衆生來人間，就是菩薩；爲自己來人間，就是凡夫。我們今生能再來人間，就是在過去生中造就人道的福因，由人道的業力牽引而來的。雖然目前還是凡夫，但是我們應該很慶幸，已得人身，又能聞佛法。我們常說：「人身難得今已得，佛法難聞今已聞。」既然已聽聞佛法，就要趕快走向佛道，努力修行，佛經不單是我們要去聽、去念，還要把它當路來走。

佛陀講經就是講道，經者道也，人若能依道而行，終會到達目的地。因此，學佛道若能依教奉行，終必成佛。

有道是：佛法難聞今已聞。現在既已聽聞佛法，就要趕快把握。「此身不向今生度，更向何生度此身？」我們既已得人身、聞佛法，如不趕快利用今生把自己度了，了脫煩惱斷生死，更要等到何生度此身呢？我們要愛惜、重視自己的力量，不拘大小，取諸社會、用諸社會。財富既然生不帶來，死不帶去，我們應該好好利用它，來舖好你將來要通往菩薩道的橋樑。

學佛必須要常以佛道爲自己當行的道路。人都常常執着於生死而不得自在；因爲怕死，所以就求神、求鬼、安太歲……做出很多荒謬不合理的迷信行爲。

有一位老太太，她很虔誠的禮拜各種神祇，並且也皈依了三寶，但是她只是形式上的皈依，並不是正信的佛教徒。雖然她很有錢，兒子媳婦表面上也都很孝順，但是她一往生仍停屍在家中，她的幾個兒子就吵起來了，爭著要她身上的褲帶。

在台灣有種習俗，就是若能得到父母往生所穿褲子上的褲帶，就象徵將來會有財庫。

因爲他們爭吵不休、没有結果，於是就去求神問卦，老太太附在乩童身上，就哭著訴說她死後連褲子也没得穿。

她一生都很虔誠的拜神拜鬼，但死後，仍墮入鬼道，而無法超生，這就是因爲她平時對佛教没有正信，無法對子孫施以佛教教育，以致含恨而終。她在世時不能看開財物，不懂得取諸社會、用諸社會，她如果能在活著時，利用自己手邊的錢，儘量去造福人群，那麼這福業都由她帶去了，經云：「萬般帶不去，惟有業隨身。」自己修行自己得，自己做的功德自己受用，不要等到身後讓子孫替你做。地藏經說：「七分功德，六分生者自得，亡者只得一分。」

學佛要學正見，虔誠念佛，自己痛下工夫。若是發菩提心，用心念佛，就不必怕子孫是否為我們做功德？如果自己不念佛、不用功、不造福，到時子孫為我們做多少功德都沒有用處。

總之，虔誠的念佛，多發菩提心，為社會眾生做救濟工作，如此就能福慧双修，生死可斷，菩薩道也可完成。所以佛陀教導我們要有此第二種覺悟：

多欲為苦。生死疲勞，

從貪欲起；少欲無爲，
身心自在。

我們要行向覺悟的道路，不要只迷於一般的信仰，只要你做好你應該做的事，自然就會有善人、護法護著你。

第三覺知——

心無厭足，惟得多求，
增長罪惡。菩薩不爾，
常念知足，安貧守道，
惟慧是業。

心無厭足，惟得多求，增長罪惡

凡夫心常常是無厭足的。財產多，還要更多；權勢大，還要更大；男人既有嬌妻，還想要有美妾；先生好，還希望他百依百順；孩子乖，還想要他樣樣得第一，以光耀門楣……永遠都在無止境的追求名利、物慾、愛情、親情……這種多慾多求的生活，的確是苦不堪言，尤其易生犯罪心理，構成罪惡行爲。

在我們四週圍的人群中，常聽到某人爲了追求某種利益（欲），以致落得潦倒落魄的地步，這些悲慘的經驗，正是無窮盡追求利慾的下場。

人，總是爲了追求名、利、權勢而勞碌終生；對於情愛，貪求不厭，每於私情慾愛纏綿不休中，萬般痛苦不能解脫！

幾年前，有位太太來找我，她的先生是知名的企業家，對她百依百順，以世俗人眼光看起來，她很是享福，物質生活是上上等的，可以說是幸福中的幸福人。但她仍覺得很苦，看到我時，哭得很傷心，我問她：「妳有什麼不滿意呢？」

她說：「師父啊！他對我感情不專，使我痛苦、不滿。」

我問她：「到底妳要追求多少感情才能滿意呢？不要太強求，感情如同一個球，愈硬碰，它跳得愈高愈遠。」

她問我：「那要如何解決呢？」

我回答她說：「放寬尺度，你愛的範圍太狹窄了，猶如把感情當一條繩子，縛（管）得他對你產生敬而遠之的心理，才使你那麼痛苦。你應該以柔和的感情來寬容他的一切，不要以佔有慾、威力來加諸在感情上面，否則先生表面又順又愛，但內心卻又煩又畏，也就難怪他會對你有欺騙的行爲。你若能把愛擴大到去愛他所愛的人，他一定會感謝你，同時也更珍惜這份感情中的恩情，因爲你所給予他的愛是那麼的自在。人的感情就像是洪爐，只要你多給他寬大的愛，滿足他的感情，再冷再硬的心也會被它熔化……。」

這位爲情所苦的太太，後來果眞做到「去愛他所愛的那些人」，夫妻的感情如此，父母子女的感情也是如此。

芸芸衆生，本來可以相處自在，過著感情和樂的安定生活，但只差在「心無厭足，惟得多求」，爲了多求，難免心起煩惱，「增長罪惡」。因此佛陀常教誡弟子：切莫求無厭足，爲情所苦，再造惡業。

菩薩不爾，常念知足

菩薩與凡夫不同處，是凡夫對慾念不知足，因此多求多苦，多做諸業。而菩薩卻能常念知足，能安貧守道；他所追求的是智慧道業。

人都喜歡相互比較，假如一直向上比，當然是永遠不能滿足的。何不想想：自己雖有不如人，但卻也有人不如我。

在臺灣的我們，生活可以說是很富足。看看非洲地區，有無數人正掙扎在饑餓的狀況中，就以臺灣目前的貧戶，與他們相比，都比他們幸福得多。

人比人總是永遠比不盡的，因此我們應該常念知足。尤其發心行菩薩道者，就必須心常歡喜，能安貧樂道，精進慧業。

顏回是孔子最得意的弟子，孔子在講學中常以顏回為弟子的榜樣。在論語中有段：「賢哉回也，一簞食、一瓢飲，在陋巷，人不堪其憂，回也不改其樂。賢哉回也！」

我一直把這段話做為自己日常生活中的座右銘，因為它意味著所追求的是豐富的智慧。

安貧守道，惟慧是業

菩薩的感情是廣大沒有範圍、沒有邊際的，他能包容宇宙，他能無限量的愛一切衆生，但卻絲毫不求衆生感情的回報。因此物質並不影響他的道心，他常念知足、安貧樂道，他所追求的只是智慧，因此說「惟慧是業」。凡夫與菩薩的分別就在「迷」與「覺」中。人的生命只有幾十年，但我們的慧命是無窮盡的，我們要學菩薩追求慧命，惟慧是業。切莫只追求名利、愛慾，受盡苦惱折磨，這實在太不值得了。

常有人向我訴苦，而我也都常對他們說：「你要解開煩惱痛苦，就必須對佛教教理多追求了解，看開物慾……拓寬人生的感情，把愛擴展分散給芸芸眾生，將愛你孩子的心，去愛你所看得到、聽得到、需要你愛的孩子，擴展個人狹窄的私愛，普愛天下的眾生。佛教講因果，你如付出那麼多的愛給眾生，相對的，你同樣會獲得那麼多眾生的愛。」

愛本來就是無窮無盡，愛心廣被可利益天下，就是慧命的延長；如果，愛只收縮於私己範圍，就會增長惡業。願我們與菩薩共修學，少欲知足，安貧守道，培養慧命，生活在快樂中。

第四覺知——

懈怠墜落。常行精進，
破煩惱惡，摧伏四魔，
出陰界獄。

懈怠墜落

多慾之人確實是苦，惹惡造罪者，都由多慾起。菩薩之所以能成爲菩薩，是因爲他少慾知足，安貧樂道，有信心、有智慧、有毅力。因此能不受物慾左右，能得身心解脫自在。

佛陀擔心弟子們會錯意，而誤以爲既然在社會上多慾會造成罪惡，倒不如遠離人羣獨善其身，以致產生了消極的心理，因此在第四種覺知中警惕我們：可以少慾，但絕不能懈怠墜落。

我們所說的少慾，並不是什麼都不做不管，什麼都不求不爭，而是對善的我們要積極的去做、去求進展，不要爲日常的生活事物、是非，患得患失，而痛苦、失意、消極。

人，大多被五慾所困。有了一點成就，還想要得更多，而有得就有失，這是必然的道理，所以佛陀時常開導我們切莫爲物慾所驅使，亦莫爲財利而爭奪。應得的，就該以正當的勞力方式去取得，並須取於社會用於社會；不該得的，或有損於人的，就不該去取得，這樣才不會有得失的痛苦。

佛陀說不能懈怠，懈怠的人是一定會墮落的。佛陀鼓勵我們，雖然要少慾，但絕不能懈怠。也就是：得時切莫驕狂，忘本失眞，而失時更不能消沉自卑。

子貢問學於孔子說：「我如果能做到貧而無諂、富而無驕，是否就很好了呢？」

孔子聽了說：「能夠修養到這種程度是很好的，但還是差了一點點。如能貧而樂、富而好禮，則更好！」

在貧困中仍能安樂、自在，不因貧困而生自棄、自卑感；富能不驕傲，而時時以禮待人，這才可貴。佛陀教我們的意思也就在此：人生必須要積極上進，不因境遇的得失而喪失生存的鬥志。既知人生多慾是苦，就必須趕快精進去慾。精進就是要安貧樂道，進修慧業。

人過去是怎麼來人間的，我們無法知道；現在該怎麼做人，我們更是茫然，更何況於未來？每個人都不知道要如何做個眞正的智人？

人時時受到周圍環境影響而起心動念，接觸到順境時，就高興地得意忘形；受到逆境時，則煩惱悲泣。因爲受境界所牽制而喜怒無常，心隨境轉，動盪不安；智慧功力也因之受阻，不能發揮效用，使待人處事的日常生活不得自在，這就是凡夫。

佛陀教我們在排除慾念後，進而統攝精神，認眞地去追求佛陀教理，「常行精進」，如此才可增加正確的智慧。

常行精進

什麼是精進呢？精就是「不雜」，進就是「無退」。精是專心一念，要做一件事必須專心才做得成；無有二念，才有進步。若要具足完成功德事業，必須具備四個條件：一是信心，二是精進，三是攝持，四是智慧。

佛陀在世的時候，因爲衆生多煩惱、多無明，以致造業，在佛陀得道後，爲了改正衆生觀念的偏差，因此到處講經、教化。在經典中，有這麼一段故事：

某一個時候，佛在一村落裏，那個村落的東莊與南莊隔着一條河，東莊約有五百戶人家，莊內的衆生常造諸惡業，沒機會聽聞佛法，每天總是在吃喝玩樂、安逸懈怠中度過。佛陀憐憫衆生，因此行化到東莊欲度化他們。

東莊的人，聽到佛來了，都很高興，因爲佛成佛後，即受到全印度人的崇拜與愛戴。所以東莊的人很虔誠的禮敬佛陀，請佛爲他們說法。佛陀說法的那幾天，東莊的人形態上都表現得很虔誠，但心理上卻無法接受教化。佛陀看在眼裏、悲憫在心裏，也只能空嘆無可奈何。

有一天，從河的對岸——南莊，來了一個人，全身濕淋淋的走到佛面前虔誠禮拜，那份虔誠恭敬的行儀，使見聞者都產生了衷心的感動與無限的信心。

佛陀問來人：「你是什麼人？怎麼來的？到此要做什麼？」

來人恭敬的回答：「我是一個愚直的人，我住在南莊那邊。久聞世尊遊化人間，開啓人心智慧，除滅衆生的愚迷煩惱，所以我虔誠一心要來聽受佛陀的教法。一路趕來，但行程中間卻橫隔著一條河，別人告訴我，河很深，必須渡船才可過。但當時岸邊無船，而我又求法心切，有人告訴我：既然你那麼急，何不涉水過去？因此我就涉水而來了。」

佛陀聽了非常感動，讚歎地說：「信能渡淵，攝爲船師，精進除苦，慧到彼岸。」

信能渡淵，意思是說只要你有信念，即使深淵大河也可以渡過；相反的，沒有信心的話，即使近在咫尺，也無法到達。

再說「攝爲船師」。攝就是接受，即使沒有渡船，但只要你有信念，肯去接受教法，這個法就像是一條船，可以送你到彼岸。「精進」就能離苦，離此岸的苦而得到彼岸的樂。有智慧就可登彼岸，所以說信心、精進、攝持、智慧，是脫離三界、離開六慾的主要條件。在日常生活中，能看開世間物慾的煩惱，也就能安貧樂道，從凡夫境界昇華到聖人的境域。

佛說這段話，其實是一語雙關，一方面是讚歎從大江對岸的南莊，為求佛法，而不惜險難，游水渡江的愚直人。另一方面則在鞭策近在咫尺的東莊人羣，雖近於佛前，而不起誠敬的信念，不生希求、受教、持法、精進、智慧的道心。因東莊人瞋慾心熾盛，所以求道心念不專誠。

道心就是理性，人的本性也是佛性；凡人也都有佛性。慾念如果擴張下去，就會埋沒理性，而理性如果能發揚起來，就可以制止慾心。

現在社會上的人，多數由於「慾」來牽引大家去造業。這個「慾」不知喪失了多少人的志節、敗壞了多少人的名譽。世人為名為利、貪求名聞而爭，不知害慘了多少人，慾能引誘我們進入煩惱的深淵。人生的確是多慾為苦，多慾能使惡業增長。佛陀教育我們看開這些物慾，防止物慾冲昏了良知，埋沒了良能。

佛陀常教誡我們離慾、進修，精進功德、增長智慧，多做利益人羣的福業；這是菩薩該做的，所以說常行精進，破煩惱惡。

破煩惱惡

佛陀教我們要精進，精進才能破煩惱惡。常有人問：「人爲什麼會不得自主，如癡人任憑環境擺佈、被命運安排呢？」我的回答是：「只有凡夫才會被命運（業力）安排，聖人自能安排命運。」

如何安排命運呢？必須用信心、願力及智慧，堅毅地去破除煩惱的惡念，當智慧生時則業力隨轉，一切就能解脫自在。所以說聖人能創造環境，自我安排命運。

能「破煩惱惡」，就能「摧伏四魔」。

摧伏四魔，出陰界獄

「魔」的意思是指會使人心恐慌、苦惱、愚暗迷亂的東西。魔字分開即是「麻」與「鬼」。麻是一種很容易生長的植物，種子落地即生出密密麻麻的枝蔓，進入麻叢中容易分不清方向，心中就會產生驚慌恐怖。又疑心就會生暗鬼，這分疑念也會變成魔，魔並非指青面獠牙的惡鬼，而是指人的心地產生了太多的雜念疑慮、諸多煩惱，而產生了恐慌憂惱的心理。

四魔是天魔、死魔、煩惱魔、五陰魔。現在分析如下：

一、天魔：意思就是慾天煩惱。慾天不但物質豐富而且壽命長，既沒有受施造福的對象，更沒有聞法聽教的機會。就如同人間的富有人家，因爲物質富有，隨著權勢名氣愈大，本有的良知就被物慾層層蒙蔽。所以說天魔就是慾界的魔，爲了貪圖享受去追求慾念，這種人生就會荒廢時間，耽誤道業。人生一切的功德是時間累積起來的，現在不做，就沒有未來的福業。人生無常，社會上需要你時，就必需趕快去做。做任何事情都要把握現在，如有慾念纏心，道心就無法精進，不要以爲福報、健康永遠都跟隨著你，假若有這種想法，就會遭受天魔所控制而不得解脫。

二、死魔：「人」最怕的是「死」，但是既有生就必有死。沒有人知道自己能活幾年；也沒有任何人可以解答什麼年齡才算是死的標準時間。不過佛陀曾對弟子說：「人命在呼吸間」，只要一息不來，此生即告終了。這是最令人恐慌、煩惱的事了。

三、煩惱魔：有些人經濟很富裕，時間也很多，但卻一直像蠶一樣的做繭自縛，這些煩惱均來自貪、瞋、癡。所謂的煩惱並不是以人的生活物質做標準，而是心境狀態的分別，人如不能知足就永遠都在煩惱中。

有些接受本會幫助的低收入戶，他們的精神生活過得比一般人還自在，爲什麼呢？因爲他們一向在貧困中過慣了，很知足；在他們的觀念中已失去了一分與社會爭鬥的煩惱。反觀芸芸衆生都不知足，有了財富還想要更富有；在社會中有很多使人眷戀不休，於慾愛中造業的陷阱，諸如目前社會風氣動盪不安，經濟犯層出不窮……，這就是煩惱魔。

四、五陰魔：五陰是色、受、想、行、識，衆生都具有這五陰煩惱。

「色」，是一切看得到的物質都叫做色，包括我們的身體。

「受」，是在日常生活中，於人、事、物，時刻所感受到的喜怒哀樂中的感覺。

「想」，這個字，上面是「相」，下面是個「心」字，意思是：日常生活中，有形形色色的形相牢牢印在心上，便成了這個「想」字。也就是說：一切人、事、物、色、形相，都常在心中起貪、瞋、癡等煩惱的念頭，常令人愛戀不捨，造一切罪惡。

「行」，是一切的動作，從生至老之間，看不到的生滅，它時刻都在起滅、生長、變化。而一切物質無時不在敗壞中，只是使人毫無覺察。它也稱爲「行蘊」，其運行變化極其細微，是看不到、摸不到的。

「識」，就是識別，感觸「人」、「事」、「物」而生喜、怒、愛、厭……。學佛者，所學的就是要把意識轉回到本性，能這樣，則智慧門開，光耀明淨，屆時自可把握自己的生死，控制業力、創造命運，就不會被三界魔王牽制在慾界中不得自在。

人生因爲有以上四魔的困擾，而使大家無法解脫自在，所以佛陀教育我們要少慾精進。

凡夫總是心多慾念，求不厭足，常被慾念所拘束。心裏空虛，常常煩惱，在心不厭足中造業；而菩薩的意念則常在慧業。其所追求的就是要如何才能開拓智慧之門？如何才能增加心理建設的方針？這是佛陀的教育，也就是教育我們如何去透徹了解物慾的價值觀，掙脫「惟得多求，增長罪惡」之苦。

除了少慾知足外，我們要精進，不能懈怠，一旦懈怠必定會墮落，尤其在佛教中修行的人更不能懈怠。人必需與時日競爭，切莫使時日空過。一切的功德需要長時間來累積完成。所以說：時間可以造就人格、可以成就事業、可以充足我們的功德。

我們應要利用人生，絕不能懈怠墮落，一定要精進去破煩惱惡，「摧伏四魔」，才能「出陰界獄」——離開三界六道，不受煩惱。

第五覺悟——

愚癡生死。菩薩常念，
廣學多聞，增長智慧；
成就辯才，教化一切，
悉以大樂。

愚癡生死

眾生常流轉於愚癡生死中，愚癡是不明道理，醉生夢死，只知追求享受，造諸惡業。於四大調和——身體健康、行動自如時，却被這種隨心所欲的自由所蒙蔽，虛擲時光而毫無覺知，以爲每天都能如此安樂。卻忽略了「明月不常圓，好花不常開，好景不常在」的道理，因而極難想像無常變化於瞬間的可能，而只顧耽於眼前的慾樂。

世人所認爲的孝，都以物質爲主，以爲在日常生活中能供給父母吃飽、穿暖或物質上的享受，就是盡孝了，其實不盡然。

佛陀所說的孝道是：除了物質生活安逸之外，更重要的是——

——能使父母離愚痴、長智慧得永恆的心靈解脫。

如佛陀成道後，專程回到皇宮度化父王信仰佛法，並感化了養育他的姨母出家；又於圓寂之前，特地到忉利天爲母說地藏經（地藏經被稱爲佛教孝經）以報母恩。

又有高僧蓮池大師作七筆勾文，第一筆勾文：「恩重山丘，五鼎三牲未足酬，親得離塵垢，子道方成就。啊！出世大因由，凡情怎剖？孝子賢孫，好向眞空究，因此把五色金章一筆勾。」文中意思是：父母恩德重如山丘一般無比崇高，雖然極盡世間美物孝養，亦難盡報其愛徹骨髓、牽腸剖腹的宏恩於萬一，而死後縱能極盡體面排場，以五鼎三牲的豐盛祭品拜祭，也無法救親得脫五道；故云：「親得離塵垢，子道方成就。」只有父母親能得超脫，做人子的孝道才可算完成。

要如何使父母能離塵垢呢？有二種方式：

一是自修：自修才能自得，地藏經中曾說過，在生的眷屬用最虔誠的態度，請法師誦經超度，即使再恭敬，七分功德，六分是生者自得，亡者只能得七分之一。所以要讓子孫為我們做功德，倒不如自己去做，才能分分己得。好好自修是得道解脫的因，如期望後人代做「超度」，那種希望是太渺茫了。所以我們應引導父母踏入佛門，好好體解佛法，及時自修。

佛教中有個故事：釋迦牟尼佛成佛後，度化了一千二百人，組織了一個僧團，浩浩蕩蕩的回到他的國家宣揚佛法。他要回國之前先派遣弟子向父王報訊，淨飯王聽說兒子要回來的消息，非常高興。天還沒亮就帶領全國的大臣，到大河的岸邊等候。那時佛陀也帶了他的僧團來到河的彼岸，隔岸相對，看到對岸僧團莊嚴的氣氛，全國的人民油然興起歡喜、敬重、虔誠的心理。

佛陀用竹筏一批批的把僧眾渡過河，淨飯王把他們安頓在一個清淨的地方，供養他們。等到他們吃完飯，淨飯王與大臣到佛住的地方，看到僧衆們服裝整齊，形象莊嚴得不可冒犯，竟看不出那一位是自己兒子──佛陀（他們已分離十四、五年之久）。那時佛的弟子阿那律（佛陀堂弟），就上前引導。淨飯王見到佛陀，心中難免有父子之想，阿那律告訴王說：「大王啊！你知道嗎？佛陀現在是三界之師、人天之父，已超越人間，智慧圓滿，覺行齊備，是超越三界的聖人，你不能作父子想啊！」淨飯王聽了頓時覺悟，作皈依佛想，於是便對佛虔誠禮敬。有人就說：這是違背世俗之禮儀啊！

「我生他的是血肉之身，是有生有死，會腐爛散敗的不淨身體。而他給我的是清淨不死的慧命，所以我依他爲師，理應作禮。」淨飯王並向大衆說：「我是一個很平凡的人，雖然身爲國王，但行在五慾之中。我的兒子能成就佛道，給我一分光明，一個解脫的機會，這眞是殊勝的因緣……。」

所以說眞正的孝道，不是物質的供給，而是要救親，而救親之道在於使父母得道解脫。

二是仗子的道業：我們的身軀來自父母的精血，父母無法做的，我們應以他遺留給我們的精血骨肉，爲父母修、爲父母做，把功德廻向他們。因爲我們的身體都是父精母血所結成的，體中精血是父母遺留給我們的延續物。所以做子女的如能好好修持而有成就，那麼父母也可得福德受用。

因此，要好好利用我們的身體，趁現在能自由說話、自由走動的時候，趕快去做，去福利人羣、去宣揚佛法、去導人向善。不要把能說話的嘴巴用在搬弄是非造口業上，也不要把能行動的身體用在吃喝玩樂、耽戀物慾中，否則有損子道，生有何益？

菩薩常念，廣學多聞，增長智慧

因爲衆生「愚癡生死」，耽戀眼前慾樂，不知生死之苦。所以「菩薩常念，廣學多聞。」多聽、多學，就能增長智慧，成就辯才，教化一切衆生，使一切衆生都能得到究竟的大樂。

成就辯才

說法辯才有：法無礙、義無礙、辭無礙、樂說無礙。這就是四無礙辯才，也可稱為四無礙智。

一、法無礙：佛陀的教法是圓融的，能隨眾生的根機去分析教法名相，使人心能通達，這就是法無礙。

二、義無礙：通達諸法義理，能為眾生諄諄善導、細細分析，就是義無礙。

三、辭無礙：運用深妙教義，面對眾多的人羣，知道利用各種適切的言辭、言語去分析，使人人都能瞭解佛法教義，這就是辭無礙。

四、樂說無礙：是隨順眾生的根性所需的教法而說，能圓融無礙、毫無厭倦，是樂說無礙。

佛陀說法有兩種方式：一、是隨他語意，二、是隨自語意。「隨他語意」是同樣的道理要看眾生的根機、知識能聽懂什麼，就以什麼方法來教導，說方便法，諄諄善誘。「隨自語意」，就是把佛陀自己想說的法，也就是成佛之道、奧妙的眞理實相，隨著自己的心意而暢說無礙。不管隨他語或隨自語，都是四無礙智。有如此辯才，才能教化一切眾生，遠離愚癡生死。

教化一切，悉以大樂

度衆生有兩種工具：一是身的威儀，也就是「色」；二是口的說法，也就是「聲」。如果能夠把身心見解、觀念、行爲舉止改正過來，行爲律儀就可俱足，而所表現的形態就自然而莊嚴。然後運用智慧辯才去說法教化，使一切衆生都得到究竟的大樂。

第六覺知——

貧苦多怨，橫結惡緣；

菩薩布施，等念怨親，

不念舊惡，不憎惡人。

貧苦多怨，橫結惡緣

眾生都是受業力牽引來到人間。業分善業、惡業；惡業的眾生如無善緣，這個惡業的種子就會生生不息，所以有很多業障重的人，時常苦不堪言，往往有接連不斷的災害發生。

人往往在貧苦中再造惡業，不由自主的「橫結惡緣」。有一位男子因家貧又不守家業，竟然爲了太太生產時缺錢，向老母親要錢，母親不給，一氣之下殺死母親，這些都是貧窮造的業。

菩薩布施

真正要做菩薩，就要常行布施。臺北有位女士，原本要把她一生的積蓄留給兒子，後來，她認爲把錢留給兒子所能發揮的功效有限，但建設醫院卻是千年百世都在發揮愛的功能，永遠都在放出愛的光輝。因此，她就以兒子的名義捐出一大筆錢，這就是菩薩的布施，愛的教育。

我們一定要能提出這份菩薩精神來從事社會福利事業，希望大家把這份菩薩的精神用在家中，再以媽媽的愛心推廣於社會——人間。把世間哀叫苦難的衆生當做是我們的兒子一樣地去愛他，這就是菩薩，如能把菩薩的智慧用在家中，發揮這份愛的教育，這就是先生事業中的知識賢婦，也是兒女心目中的慈愛良母。

布施除了「財施」以外，還要注重「法施」與「無畏施」。「法施」就是精神教育。「無畏施」則使衆生消除恐慌，離開罪惡的險道。

等念怨親，不念舊惡，不憎惡人

我們應該「怨親平等」就像是慈濟本著「誠」與「正」，以誠懇、公正的態度去救助那些的確需要幫助的衆生，無怨無親，一律平等看待。菩薩只有愛，永遠都沒有憎怨的心、惡的念，無論過去曾與人結下任何惡怨，我們也要放棄這分怨念。孔夫子教學生要以德報怨，何況我們是要學出世的菩薩法，怎可有怨恨在心呢？既然是菩薩平等的心，當然就無怨無親的念——也就不念舊惡了。釋迦牟尼佛受提婆達多生生世世的迫害，但佛陀在法華經中還爲提婆達多授記。他成佛的時間，依報、正報都比其他的弟子莊嚴，這就是以德報怨的精神。所以說「不憎惡人」，我們不可對惡人起憎怨心，這就是菩薩的平等心。

佛陀教導衆生要修行大直道，雖然尚有其他很多方便法門，但人在世間的時間不長久，人身難得，佛法難聞，既然有一條筆直的康莊大道，可從凡夫地直通佛的境界，爲何我們不走呢？「上求佛道，下化衆生」，是眞正的菩薩道。我們應向這條福慧雙修的大道直走，不要僅偏在少善根，應兼顧大福德。如此，極樂世界就在眼前。

第七覺悟——

五欲過患。雖爲俗人，
不染世樂；常念三衣、
瓦鉢、法器，志願出家，
守道淸白，梵行高遠，
慈悲一切。

五欲過患

人之所以有苦惱、有過失犯錯，都由於「五慾過患」而造就的。什麼是五慾呢？就是五種慾念：一是財利物慾，二是男女色慾，三是名利權慾，四是美味食慾，五是懈怠睡慾——也就是財、色、名、食、睡，等五種愛慾。

第一，財利物慾：這是世間人都特別偏愛的。人忙忙碌碌在世間爲的是何事而忙呢？很多人看到我時，就說：「師父啊！我最近有很大的困難，請您開示。」他們所謂的困難，總離不開最近事業不順、最近被倒了一些錢……等，因爲事業不順，因此有了苦惱。

目前台灣賭風熾盛，人人熱衷投機生意，甚至發生許多劫財害命的社會問題，其原因不外大家一心謀求財利，所以說人生忙忙碌碌，大都只爲了財利物慾而造成無窮苦患。

財利可造就世間的罪業，但也可以造福人群。所以說財利是害人最深、惱人最多的；反過來說，如能把這些財利取諸於社會，用諸於社會，那就功德無量了！

在家人對於理財應該「取之有道、用之有道」，如此財利就可造就功德；出家人亦然，能夠充分運用財利在世間做福利人群的事業，這分財利就可換取不朽的精神。

記得在三十多年前，有一位出家的修行人，他修持得很好，佛學知識研究得很深，也很會說法，平時有很多人供養。後來病了一場後，往生了，衆人在料理他的後事時，發現他的榻榻米下，舖著的都是一束束的新臺幣。雖然他的形象是出世，但精神思想還是具有凡夫的財利物慾。

出家人尚且如此，何況是在家居士呢？在俗的人士對佛法還不明，對人生的眞理還不能看透，難免財利物慾的心會更重。總之，人還未脫離人性之前，都會有財利物慾的貪念，捨不得用這些財物來造福人群。人生如能看得透徹，就該用行動表現出來；如同這位法師，如果他能在三十年前把鋪在床下那一束束的新臺幣，拿出來用在社會福利、造福人群的話，那麼在三十年後的今天，一定還會有人懷念他，而這位法師的精神也可留傳在人間。就不致於造成他死後，在家的子孫及僧家的弟子爲了那些新臺幣而爭執不休；社會上有很多的大企業家，錢多、太太多、兒女多，以致死了之後，那些太太兒女爲了爭奪遺產而對簿公堂，大起干戈，由此看來，他們所遺留下來的不是錢財，而是禍害。

第二，名利權慾：社會如果不是爲了財利物慾的爭奪而動亂，那就是爲了名利權慾；你們看看有多少叱咤商場、官場的知名人物，往往願傾盡全部家產，來成就他的名慾。以現實的例子而言，每次的選舉季節一到，參選人就用盡心血、花費時間、金錢，爲的就是想要獲得名位。

記得在我的故鄉豐原鎮，有一位地方人士爲了要競選鎮長，選舉前，幾乎每天都挨家挨户的去拜訪選民，晚上回家又要與智囊團研究策略，日夜不得休息，家中像是開流水席似的，進進出出的人川流不息，只能用車水馬龍來形容當時他家的盛況。投票結果他是當選了，可是就在當選的當天，他竟因中風而死了！想想他爲了名位，辛苦奔波，結果最後的下場是人死、錢盡、名空。這又有何用處呢？有些極具知名度的人士，他們之所以會失敗，是因爲他們爭名利、權慾之心過強，所以説名利、權慾是衆生的一種過患。

第三，男女色慾：如果不爲財不爲名，那就是爲了情。社會上有很多驚人的血案，都是爲了色情所致；使家庭破裂，不能幸福，其原因也大部分源自色慾。在一個家庭中，如果夫妻其中一人的心另有所屬，這個家庭就埋伏了破裂的危機，而家庭一破裂，子女的教育就成了問題；所以說男女的色情除了危害自己的身心之外，也會破壞家庭，進而造成社會問題。因此，男女色慾可以說是五慾中最嚴重的一項。

現在的社會生活安定，人民生活富足，吃得飽、穿得好、住得豪華，也因此產生非分之想。孔子說：「飽暖思淫慾」，人一旦吃飽穿暖，心就想向外在環境尋樂，並且往往不去尋找正當的娛樂，而是尋求一些旁門左道的樂子。有很多人向我訴說苦惱時，往往離不開家庭問題，有時我會覺得「問情何在？」每個人在結婚前總是山盟海誓、海枯石爛、永不變心，曾幾何時，說變就變？因此爲情犧牲的人實在太傻了，人生來世間難道就只爲了情而活嗎？如爲了感情而犧牲，那就等於抹煞了父母給我們的身體、生命，這是罪大惡極的事，身體髮膚受之父母，不可毀傷，這是大家都知道的道理。

有位年輕的小姐來找我，說她曾爲了感情自殺過，第一次自殺時男友陪侍在旁，照顧得無微不至；第二次自殺時，他只到醫院探望一下；第三次自殺，他連去探望也沒有。我問她：「你現在還要自殺嗎？」她搖頭了。問情是何物呢？老實說感情是最不可靠的。爲了感情而殺人毀己，甚至抄家滅門的事層出不窮，這就是色慾的禍害。

第四，美味食慾：以前有一位老人家問人說：世間有什麼坑永遠塡不滿？有人說是海，有人說是深谷。他說：「你們都猜錯了，那就是「鼻下橫」——嘴巴。」現在社會上有很多的殺業，除了人與人之間的相互殘殺之外，就是殺害一切生物；殺害生物的目的，只爲了貪圖口腹之慾，一個小小的嘴巴竟然吃盡了天下衆生。

過去佛陀在世時，有弟子問佛：「等到何時才能天下太平，戰爭停止，刀兵劫盡呢？」佛陀回答：「欲知世上刀兵劫，但聽屠門夜半聲。」

古時候的戰爭是騎馬用刀用箭，那已經夠殘忍了，而現在的戰爭發展成爲核子戰爭、化學戰爭，只要按一下電鈕，世界就在瞬間毀掉。看見現在屠宰業也都改爲電動，從入口處門進去，從出口處出來時，都已剝好皮、拔好毛、剖好胸，把一切過程都處理好了。這麼進步的屠宰技術究竟又爲了什麼？還不是爲了吃、爲了口腹之慾，其實人只要兩碗飯就可以飽腹，又何必爲了貪圖美味，而去殺害那些生物呢？

現在的家庭都不像家了，以前每戶人家都有煙囪，煙囪一冒煙，就知道這家子已經在做飯了，多溫馨的景象啊！而現在都改用瓦斯，甚至不用廚房設備，或不下廚而天天上館子的人也大有人在。如果有一天能源發生危機時，那生活又將要如何呢？所以我常說若能保持平常粗菜淡飯的生活，那該是最幸福最健康的。

第五，懈怠睡眠：人生就是在懈怠睡眠中慢慢的墮落，每個人的人生，眞正在做人做事的時間，即使再勤勞的人也只做了三分之一而已。一天廿四小時，睡眠佔了八小時、吃飯二小時；一個月三十天，就睡了十天、吃了六十小時，一年十二個月，睡了四個月、吃掉七百二十小時。再加上幼年不懂事、老年不能做事，人生能作事的時間就很有限了。

「懈怠」是不精進的意思，人生除了吃睡之外，就是貪玩、遊手好閒，這種人生還有意思嗎？我們常說佛陀出現在人間，是爲普度衆生；人所以被列入衆生之一，是因爲我們與一切生物、動物，没什麼不同，所以不説度人，而説度衆生。學佛之初應該先學做人，珍惜時間，進修己德，成就事業。

雖爲俗人，不染世樂

人一定要自救，要自救必須遠離五慾，把財利、物慾，取諸社會，用諸社會，造福人群，這就是功德。把名利權慾換做無代價的付出、把精神力量隨分隨力的付出、把事業的精神換成志業的精神、把男女間的愛換成普利衆生的愛、把迷情換成覺情（覺情就是覺有情，把衆生癡迷的染情，換成淨覺的悟情）、把懈怠換成精進、把睡眠換成工作、把美味換成粗食淡飯來修行；能這樣做就是功德。

轉五慾爲功德，就是修行。肯修行即使是俗人也能成就無量功德，就像蓮花出汚泥而不染一樣，所以說，「雖爲俗人，不染世樂。」

常念三衣，瓦缽法器

出家人修行有「三衣」，也稱袈裟；有五條衣、七條衣、二十五條衣，佛制弟子只蓄三衣。在家人應常作這樣想，出家人僅有三衣，而在家人卻爲了衣著經常追求流行，永遠無法獲得心理的滿足。

穿衣只不過是蔽體、取暖、禮節而已，如果虛榮心重，追求流行，天天都覺得少一件衣服，如此就會很痛苦，我們要常常反省自己，雖然我們是在家，但也可以過著如出家人一般知足的生活。

「瓦缽、法器」是出家人不離身的器物。當初佛在世時，弟子都有一個缽，用來托缽生活。三衣、瓦缽、法器，代表粗衣淡食的意思。

志願出家

「志願出家」這句話，你們千萬別誤會信佛就要出家。所謂志願出家，就是身雖在家，心也要有這份志願出家的精神。我們既然要學佛，就要種下成佛的種子，過去、未來一切諸佛也都一樣，沒有不發心出家，而能成佛的；今生此世你雖是在家，但如能發心學佛，志願來生有這個因緣可以出家——能現出家僧相，住持三寶，才能弘揚佛法的精神，成就化度衆生的事業。所以說我們要立下志願，要有出家人的信心、毅力、勇氣，才能成就度生大志。

守道清白，梵行高遠，慈悲一切

「守道清白、梵行高遠」就是要我們好好守戒律，在家要守五戒的規矩，出家要守三百四十八條或二百五十條的戒律，各人堅守各人的崗位、各人嚴守各人的規矩，能守戒不犯叫清白。梵行，梵是清淨、不染著。

在家受五戒以後不殺、不盜、不邪淫、不妄語、不飲酒。能守得這五戒的話，就是清淨，如能做到這樣，就是「慈悲一切」。怎麼說呢？因爲如果能把五慾物利，轉過來守佛陀的教誡，那麼自然就可以啓發良知、發揮良能，所做的一切都是福利人羣，利益衆生，當然也就慈悲一切了。

第八覺知——

生死熾然，苦惱無量；
發大乘心，普濟一切；
願代衆生受無量苦，
令諸衆生畢竟大樂。

生死熾然，苦惱無量

生死從無間斷，它可分兩種：一種是分段生死，另一種是變異生死。

六道的衆生，大家都在分段生死的階段，什麼是分段生死呢？就是一段一段的生命。比如我這段人生的生命，如只有五十年的壽命，到了五十歲死了，這就結束了一段。死了之後，是否一了百了呢？不！還是有下一段的生命延續，若問下一段將是怎樣的生命體呢？那就要看這一世在人生的五十年間到底做了什麼業。這輩子如能十善具足，這股業力就會引生天堂。神識一旦離開了肉體，這個身軀就可稱爲「死」，但往生天堂又是「生」，所以說死是生的開始。假如這一生，沒做善事，但也不犯做人的規矩，守身清白，不殺生、不偷盜、不邪淫、不妄語、不飲酒，五戒不犯；此生結束，捨掉了身軀，這股業力就會引我投胎爲人，這也是生。世間千萬年來，沒有不死的人，人生是幾十年一段的生命體，因此說是分段生死。

爲善升天堂，做人不善不惡的仍然生在人間，那麼做惡的到何處去呢？他們必定會捨人身墮地獄。慳貪不捨的人，捨了人身墮入餓鬼道；不守婦道，不守人倫者，墮入畜生道。所以善道與惡道還是以做人爲中心，爲善的上升，爲惡的下墮，都在分段生死中。

天堂也有分段生死，只不過天人壽命長、快樂多，人間的一百年，是忉利天宮的一日，人間平均的壽命是七十歲，忉利天宮的壽命是一千歲，人間過完了一世，而忉利一日還未過完；天堂是苦少樂多，人間是苦多樂少，隨著業力去受報。

在佛陀看來，三界天道如處於火宅中，死生險難，苦患無量！法華經火宅喻品中把這種情況分析得很清楚，所以說：「生死熾然，苦惱無量。」

人間一切的事物都不如我們想像中的理想，世界各地的天災人禍不斷的發生，傷亡人數動輒百千，無家可歸的人比比皆是，這些天災人禍眞的是無法避免與抗拒嗎？

天災起自共業，而人心造就其業，欲救世間災難，必須先救人心。佛陀出現在人間爲的就是使衆生的心靈得救，如能使人心平和則天下的災害人禍，就可平靜。

俗話說：「天助自助。」在佛教中也有所謂「天龍八部護法」的記載；所以要救天災人禍，就必須先淨化人心，把一切衆生的良知啓發，讓其發揮愛的精神力量，憑著這份愛的力量就可使天下吉祥，社會和睦，家庭幸福。每個人的心地都能保有寧靜，人間就是眞正的天堂了。

佛陀一直在努力教育我們，世間有生死的痛苦，有種種災禍的苦惱，如果我們能先去認清苦的來源，才會知道要如何去發心治苦。因此佛陀說：「苦惱無量。」生在人間的確是苦惱無量，有生、老、病、死之苦，有愛別離苦，有怨憎會苦，及種種災害無常險難之苦。

發大乘心，普濟一切

佛教中有二種法門：一是大乘，一是小乘。小乘是獨善其身，他們知道世間無常，生死痛苦，所以要趕快去修行。

佛陀教育衆生要自救之前，必須兼具救人；要發心，需發菩薩心，菩薩心就是「大乘心」。既然發心學佛，就要深深體會生死的苦惱，我們應該利用時間，趕快發「大乘心」，普天之下的人得救，自已也一定得救。抱著捨小護大的精神，才能「普濟一切」，使天下衆生都可得救。

願代衆生受無量苦，令諸衆生畢竟大樂

除了普濟一切衆生之外，我們還要發：「願代衆生受無量苦」的心願，但願一切衆生的苦都讓我來代替承受，人傷我痛，人苦我悲，這就是佛教所說的同體大悲。不但要代衆生受苦，更進一步要「令諸衆生畢竟大樂」，這就是「無緣大慈」。

地藏王菩薩「地獄未空，誓不成佛；衆生度盡，方證菩提」的願力，也是但願衆生得離苦，不爲自己求安樂的精神。

學佛如不肯發普濟衆生的大乘心，則是「慈心不周」，如此學佛，就是學得不夠究竟；假如我們不肯去代衆生受苦，那就是「悲心不切」。

若有人問你，怎樣的人才算有慈悲時，那就要先問他：當看到別人快樂時，是否自己也欣喜快樂；看到別人苦惱時，是否有如自己受難、遭困地痛苦？如果能有「人傷我痛」之感，就是悲心至切；別人得救，我能感到很歡喜，這就是慈心周遍，也就是佛陀教導我們的第八種覺悟。

我常說無論做什麼事，一定要拿出至誠的心，有至誠的心，何患事不成、願不了呢？我一向不談神通、怪異，但偏會有一些不可思議的事發生，這就是心力。

學佛要先從我們的心學起，修行也要從我們的心修起，救世也要從我們的心救起，如有這份慈悲周切的心，我們就是真正的佛弟子，真正具有菩薩的精神。我們拜地藏王菩薩時，其實是拜我們心中自性地藏的本能——大願；念觀世音菩薩是念出我們心中的本具良知——慈悲。我們如能了解拜佛、學佛的意願，以佛所教化的大乘心，來普濟一切衆生，立地藏王菩薩的願，發觀世音菩薩的心，那麼此刻的我們，人人都是地藏王菩薩，個個也都是觀世音菩薩了。

結語

佛陀講八大人覺經時，一再叮嚀，希望大家好好發大乘心，期使衆生能得畢竟安樂。最後，佛陀做了以下的結語：

「如此八事，乃是諸佛菩薩大人之所覺悟，精進行道，慈悲修慧，乘法身船，至涅槃岸；復還生死，度脫衆生，以前八事，開導一切，令諸衆生，覺生死苦，捨離五欲，修心聖道。若佛弟子，誦此八事，於念念中，滅無量罪，進趣菩提，速登正覺，永斷生死，常住快樂。」

「如此八事，乃是諸佛菩薩大人之所覺悟」，指的是以上八種覺悟，是諸佛菩薩所覺悟的，也就是諸佛菩薩自行化他的德業妙行。

菩薩也叫做「覺有情」，就是已經覺悟的有情。凡夫的情是受污染具有色彩的，菩薩的情是清淨的，是沒有色彩也沒有界限的，不但自無始以來至現在，還可以延續於無終無盡的未來。菩薩與衆生有一份不解之情，菩薩跟著衆生在六道中生生滅滅、去去來來，是爲什麼呢？只是爲了救濟衆生。

菩薩與衆生之間，早已結下不解之緣，無論衆生到那裏，佛菩薩也跟著到那裏，這是由於菩薩大人能徹底覺悟而發大乘心的緣故。一般人即使能夠覺悟，也只是少分覺悟，無法眞正普遍去體會到人我衆生佛性平等的道理。既已透徹了悟宇宙人生的眞理，就應「精進行道」，好好把握時間，在菩薩道上勇猛精進修行，永不休止，不要沈浸在那些人我是非中。

我們所要修的是慈悲與智慧，用這份慈悲修智慧行；有透徹的慈悲，就有具足的智慧，這就是「慈悲修慧」。

人間就像是茫茫的大海，凡夫在大海中浮沈，生死不休的輪迴在六道中，時而升爲人天，又時而下墮地獄，沈浮不停。而我們學佛就像是坐著般若船一樣，在茫茫大海中，救度沈浮的衆生。所以說：「乘法身船，至涅槃岸。」我們不但自己乘這艘船自度，而且能救度衆生，同達涅槃彼岸。「至涅槃岸」，就是到達沒有生死輪迴的地方。

菩薩雖然已到彼岸，能斷生死，但還是要把這艘船划回來廣渡衆生，永無休止的在茫茫大海中做救度衆生的工作，所以說「復還生死，度脫衆生」，希望衆生人人能覺悟，個個成爲菩薩大人。

「以前八事，開導一切，令諸衆生，覺生死苦，捨離五慾，修心聖道。」指的是前面所說的八種修行覺悟的事項，無非是要開導一切衆生，讓我們知道生死的無常，覺悟生死的痛苦，知道學佛就在了脫生死。佛陀是見道者、開道者、說道者，能引我們入康莊大道，「捨離五慾，修心聖道。」

「若佛弟子，誦此八事，於念念中，滅無量罪。」身爲佛弟子要常常心念著這八種事，念念不斷，就可消滅無量罪，當然只要我們不離開這八種修心覺悟的方法，絕對不會去犯錯造罪，絕對不會走錯路。如此我們就可「進趣菩提」——走進菩薩道中，「速登正覺」——很快的就可與佛的智慧平齊。

如果我們有佛陀的智慧與菩薩的慈悲，就能「永斷生死，常住快樂」，不會再有生死的苦受。菩薩永遠在人間，但他一直不覺苦，因爲菩薩是自願歡喜來做救度衆生的工作；雖然在人間無休止的來回，卻很快樂，所以有「菩薩遊戲人間」之說。

希望人人都能依止佛陀在八大人覺經中所開示的八種覺悟之

道去行，那麼所走的道路絕不會有所偏差，祝福大家智慧如日、慈悲如月，永遠光明。

國立中央圖書館出版品預行編目資料

八大人覺經 / 釋證嚴著－－初版，－－臺北市
：慈濟文化，民80
112面；15×21公分－－(法音宣流；2)
ISBN957-9298-04-1(平裝)

1.經集部

221.7　　80001623

八大人覺經

著 作 者／釋證嚴

發 行 者／釋證嚴

出 版 者／慈濟文化出版社

台北市忠孝東路 3 段 217 巷 7 弄 35 號

電話：(02)7760185～7

郵政劃撥／14786031　慈濟文化出版社

美術編輯／張小華

排 版 者／正豐電腦排版有限公司

印 刷 者／優文印刷有限公司

台北縣土城鄉永豐路 195 巷 29 號

電話：(02)2622335

出 版 日／民國 80(1991)年 6 月 30 日初版一刷

民國 86(1997)年 9 月 20 日初版35刷

行政院新聞局局版臺業字第 4934 號

定價新台幣八〇元

ISBN 957-9298-04-1

Printed in Taiwan